李寿山学术评传

中华中医昆仑

张镜源◎主编

中国盲文出版社

图书在版编目（CIP）数据

李寿山学术评传（大字版）/ 张镜源主编. —北京：中国盲文出版社，2015.12
（中华中医昆仑）
ISBN 978-7-5002-6873-4

Ⅰ.①李…　Ⅱ.①张…　Ⅲ.①李寿山（1922～2013）—评传　Ⅳ.①K826.2

中国版本图书馆 CIP 数据核字（2015）第 317103 号

李寿山学术评传

主　　编：张镜源
责任编辑：余春雷
出版发行：中国盲文出版社
社　　址：北京市西城区太平街甲 6 号
邮政编码：100050
印　　刷：北京华联印刷有限公司
经　　销：新华书店
开　　本：700×1000　1/16
字　　数：42 千字
印　　张：6.75
版　　次：2015 年 12 月第 1 版　2015 年 12 月第 1 次印刷
书　　号：ISBN 978-7-5002-6873-4/K·477
定　　价：12.00 元
销售服务热线：（010）83190297　83190289　83190292

前　言

中医药是中华民族的伟大创造，是世界医学宝库中的夺目瑰宝，数千年来为中华民族的繁衍昌盛作出了巨大的不可磨灭的贡献，至今仍是中国医药卫生事业不可分割的重要组成部分，在维护民族体魄康健、促进经济社会发展中发挥着不可替代的作用。

中医药学，是中华传统文化和科技文明的结晶，是勤劳聪慧的中华儿女在几千年生产生活实践中，在与疾病作斗争的过程中，创造的独具特色的医学科学体系。它有着浓郁的民族特色、深厚的文化底蕴和丰富的哲学内涵。经过一代又一代中医药传人、一辈又一辈名医大家的实践探索、薪火传承、总结完善、创新发展，逐步形成了系统的理论体系、独特的诊疗方法、丰富的医学内容、实用的制药技术。具有疗效确切、用药安全、应诊灵活、普适简廉和预防保健作用显著的巨大优势，在世界医学之林独树一帜，为人类的文明进步与医疗保健事业，已经并正在作出积极的贡献。

为了弘扬中华民族传统文化，彰显中医药学家的丰功伟绩，当代中医药发展研究中心与中国文学艺术界联合会、国家中医药管理局新闻办公室、中华中医药学会、中国中医科学院、北京中医药大学、世界中医药学会联合会等精诚合作，在国家中医药管理局的支持和指导下，为中华近现代百年来贡献卓著、深受敬仰的150位中医药学家，编撰出版了这部大型传记丛书。丛书采用评传体裁，记载他们的生平事迹、医术专长、学术思想、传承教育、医风医德、养生之道和突出贡献，使这些宝贵的医学成就和精神财富发扬光大，千古流芳。

丛书取名《中华中医昆仑》。昆仑山，被尊为“万山之祖”，柱西北而瞰东南，立中国而凭世界，凌驾乾坤，巍然屹立。以其高峻豪迈、绵延起伏的磅礴气势，寓意中华中医药学历史悠久、博大精深和永不衰竭；以其挺拔雄伟、高耸入云的恢弘气魄，彪炳一代中医药学家的丰功伟绩、杰出贡献和不朽勋业。

丛书入选传主，从全国范围推荐遴选，遍及中医药界各个领域。有临床家、理论家、药学家、教育家、医史文献学家；有名师亲授、世医家教、学派传人、院校毕业和自学成才者；有师徒并驾、父子齐名和伉俪联袂者。他们学术造诣深厚、诊疗技术精湛、临床经验丰富、学科地位崇高、科研成果丰硕、医风医德高尚、国内外影响较大，从医学理论到临床实践，为中医药事业的传承和发展作出了突出贡献，是近现代百年来中华中医药界的杰出代表。

丛书的出版，对于弘扬中华文化，振兴中医药事业，造就中医药人才，普及中医药知识，具有重要的现实意义和深远的历史意义。这是一项开创性工作，填补了我国为著名中医药学家大规模撰写传记的空白；也是一项抢救性工作，因入选传主已仙逝过半，许多亲历、亲见、亲闻的史料日见散逸，将之收集整理、编撰成书，功垂后世、利国利民；更是一项承前启后的工作，总结传主经验，传承中医药伟业，继往开来，光耀世界医学之林。这部医文结合，富蕴历史性、学术性、文学性和实用性的鸿篇巨制，对医疗、卫生、科研、教育及全球关注中华中医药文化的各界人士，都有重要的参考和阅读价值。

丛书的编撰出版，是一项巨大的中医药文

化建设工程，在策划、撰写、编辑、出版过程中，自始至终得到了国家有关领导、政府部门及社会各界人士的关心和支持。国家中医药管理局高度重视，并组织专家对全书进行终审；数百名专家、学者亲临指导，参与规划；有关省、市、自治区卫生厅、局、中医局（处）给予大力帮助；传主及其亲属、弟子热情支持、密切配合；撰稿人深情满怀、辛勤笔耕；编审专家尽心竭力、精工细琢；关爱中医药事业的企业家热心公益、慷慨资助；全体工作人员不辞辛劳、无私奉献，这一切使丛书得以顺利出版。对此，我们深表谢意。

由于时间紧迫和资料搜集困难，加之水平有限，难免有疏误之处，敬请广大读者批评指正。

中华中医药学，历史悠久，源远流长，发端于远古，奔向于未来。百年对于历史，不过是短暂的瞬间；百人对于万众，不过是沧海一粟。然本丛书所记载的百年百人，则无疑是波澜壮阔的中医药发展史上辉煌的篇章和光芒闪烁的璀璨星辰。

张镜源

目录

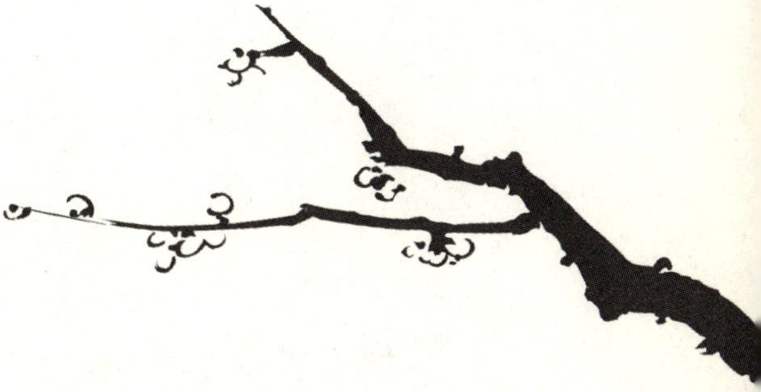

古为今用，洋为中用，推陈出新，乃现代中医必由之路也。

——李寿山

在大连星海广场南部海滨伫立着一座巨型城市雕塑：一本迎风展开的世纪书卷平铺在海岸边，由各行各业代表千余双脚印铺就而成的寓意深刻的铜制路雕，由北向南，走向大海，向世界延伸。这是百年来大连人民不屈不挠、奋勇向前、走向美好明天的历史步伐。在这条长长的铜制路上，有一双厚重敦实的足印。追寻着这双脚走过的路程，我们仿佛看到中医大师李寿山在70余年的从医生涯中，走向成功、走向辉煌的伟岸身影。

李寿山，1922年出生，原名李守山，字岳东，祖籍山东省平度市。著名中医学家、临床家。历任大连市中医医院院长，大连市中医研究所所长，大连市中医药学会理事长，辽宁省中医学会副会长，仲景学说研究会主任委员，全国老中医药专家学术经验继承工作指导老师等职，享受国务院政府特殊津贴。

李寿山在学术思想上，学本《黄帝内经》，崇尚仲景，注重以胃气为本，致力研究脾胃学说。他认为脾胃学说创始于《黄帝内经》，发展于仲景，形成于东垣，充实于天士。临证中处处刻意于调治脾胃，兼安五脏。对急症重疾喜用经方，重症沉疴善理脾胃。尤其在消化系疾病的治疗上，创拟慢性萎缩性胃炎从“痞”论治，消化性溃疡从“痈”论治，溃疡性结肠炎从“痢”论治的治疗原则，疗效显著。在临床用药方面，根据药物的性味归经、脾胃的生理病理辨证用药，注意补而勿滞，通而勿伐，滋而勿腻，清而勿寒，温勿过燥，保持机体生化冲和，刚柔相济，升降和调。他总结的“舌下脉诊法”，是对中医四诊的一个重要补充，为运用活血化瘀法治疗疑难病提供了直观的客观依据。李寿山在70余年的从医生涯中，遵循“古为今用，洋为中用，推陈出新”之旨，倡导继承发扬与开拓创新结合、宏观辨证与微观辨病结合、辨证论治与效验秘方结合的临床三结合的思路，积累了丰富的临床经验，形成了独特的治学风格和学术特点。

多年来，李寿山在国内外期刊发表学术论文50余篇，主编出版《李寿山医学集要》《中医临证指南》《中医药治疗癌症临证精方》《中医消化病证治准绳》《中国百年百名中医临床家丛书·李寿山》《中医全科临床证治简要》等6部专著，参编出版《现代中医内科学》等20余部著作，其中《李寿山医学集要》被收藏于墨尔本英国皇家大学图书馆。共获省部级科技进步成果奖3项，市级科技进步成果奖7项，获国家知识产权专利1项。

幼承家学　步入岐黄之门

1922年，李寿山出生在山东省平度市李家站村，祖父李芳是当地有声望的乡村医生。其父李鉴堂，文史兼备，尤精医理，把父辈的经验和自己的临床体会整理成册，撰写了《百病赋》，成为李家家传之要诀心法。李氏一门，三代单传。因为晚年得子，父亲对他宠爱有加，并寄予厚望。孩提时期的李寿山聪颖过人，活泼好动，所以，父亲为他起了乳名曰“豹”，大名“守山”，希望他如豹居山林，守护青山，守住李氏的血脉；也希望他能子承父业，杏林悬壶，守住祖传的医术。后因守、寿同音，叫来叫去就变成“寿山”了。至于他的表字“岳东”，则是由前清的拔贡——一位戴姓老人为他起的，希望他将来能够有所造就，成为国之栋梁，如东岳泰山，令人仰慕。

李寿山 7 岁入私塾学馆，上自四书经典，下至《三字经》《千字文》等，苦读而背诵之，打下了良好的传统文化基础。12 岁开始随父学习中医。侍诊之初，父亲把家传的《百病赋》递给他说：“背下它。”这本凝聚了父亲多年心血的不过万字的手抄本，成了李寿山开启岐黄之门的启蒙教材。懵懂之间，他把《百病赋》和《医学三字经》《濒湖脉学》《药性歌括》《汤头歌诀》等医书背诵如流，牢牢地记在心里，练就了他学习中医的“童子功”。

李寿山专心致志学习中医，是受了两件事情的启发和激励。

有一天半夜，孩提时的李寿山突然肚子剧痛，冷汗淋漓而醒。闻讯赶来的父亲果断地诊断为绞肠痧，并拿了一根三棱针，在他的胳膊上扎了一下，放血治疗，疼痛顿时减轻了一半。等父亲把另一只胳膊也如法处置完，疼痛竟完全消失了。一根小小的银针，竟有如此的功效，中医的神奇，让李寿山痴迷了。

还有一次，一位邻家小伙伴的母亲，因家庭琐事想不开而服食了大量的火柴头。火柴头里含有硝石，是一种毒性很大的矿物质，正是古法炼制八步断肠散的主料之一。邻家农妇口吐白沫，即将一命呜呼。只见父亲急忙找来白矾化水，倒入她的口中。不多时，奇迹发生了。农妇开始呕吐，继而苏醒了，她得救了。李寿山幼小的心灵又一次产生了一个强烈的念头——“把人救活是件多么好的事情啊！我也要学中医，当郎中”。

父亲的高超医术、乐善好施，深深影响着李寿山。从此，李寿山立下了承岐黄家技，“拯黎元于仁寿，济羸劣以获安”之志，并一生辛勤不辍，实践自己的誓言。

1936 年，因为家乡大旱，李寿山一家离乡背井闯关东，落户大连。父亲在明德堂药店当坐堂医，14 岁的李寿山在旁侍诊。他开始半医半读的生活，在父亲的指导下系统学习中医的经典著作《伤寒论》《金匮要略》《医经原旨》等，同时浏览历代医家的名著，如《千金要方》《脾胃论》《景岳全书》《类经》《温病条辨》《伤寒来苏集》《兰台轨范》《医学心悟》《医林改错》等，颇受启迪，理论水平亦得到不断提高。1938 年 5 月，不满 18 岁的李寿山，参加了大连的汉医会考，在 100 多名应考者中，力挫群雄，一举夺魁，考取了汉医证书。从此，他开始悬壶于大连，走上终生行医之路。病家称其父为“老先生”，称李寿山为“少先生”。“少先生”行医伊始，言谈举止酷肖其父。这是因为父亲高尚的医德、精湛的医术，深深影响着李寿山。老人家对待患者不分贵贱，对那些贫苦病人，赠医送药，分文不取。传统中医的大医美德，在李寿山的心里已经扎下了根。1940 年 10 月，父亲去世，享年 73 岁。父亲的辞世，对年轻的李寿山打击非常大。很长一段时间，临证之中，遇到疑难重症，他的耳边时常响着父亲“医者之学问，全在明伤寒之理，伤寒理明则万病皆通”的教诲。从此，李寿山潜心研究仲景之学，为医圣张仲景“精究方术，上以疗君亲之疾，下以救贫贱之厄，中以保身长全，以养其生”的精神所感动，更为医圣“感往昔之沦丧，伤横夭之莫救，乃勤求古训，博采众方”的治学理念所折服。

衷中参西　铺筑名医之路

1945年8月15日，日本战败投降，大连同日解放，成为全国最早解放的城市，同时设立旅大市。怀着解放全中国、建设新国家的雄心壮志，在滨城已经小有名气的李寿山毅然放弃自己开业，响应共产党的号召，参加了革命工作。1948年1月，李寿山受聘于大连海港工会，与毛茂生、周鸣岐、何宏邦、张伯川等同仁创建了由政府成立的第一个以中医为主导的医疗机构——大连海港医院中医门诊部。这时候的李寿山中医功底深厚，医病疗效显著，受到广大患者的赞誉，同时他又开始阅读大量西医书籍，系统学习西医课程，用现代医学知识全面武装自己。他认为现代医学具有诊断明确、病理有据、直观定量等优点，可借我所用，不要有闭守门户之见。随着时代的进步，现代的中医大夫相应地、自然而然地接触现代医学的诊疗手段，在四诊合参的基础上，参以现代诊断。

李寿山提倡中西医结合，与他20岁时的一些经历有关。有一次，他偶然读到河北名医张锡纯的《医学衷中参西录》，如获至宝，对书中提倡中西医结合的理念，尤感兴趣。没地方买到此书，他就一个字一个字地手抄下来，慢慢研读，细心领会。说来也巧，有一天来了一位腹部剧痛的妇女，自述停经月半后又出现不规则阴道出血。当时患者面色苍白，出冷汗，四肢发冷。结合脉象，李寿山当即判断为宫外孕，建议家属立刻转西医院诊治。经手术治疗，患者转危为安。这件事给他留下了深刻的印象。因此他认为张锡纯先生的“衷中参西”是现代中医的必然选择，只有以中医为本，吸纳先进的现代医学成果，中医才不会衰亡，才会焕发新的生命力。在海港医院中医门诊部工作的几年里，李寿山为中医与西医的结合做了大量的工作，在大连中医界崭露头角，成绩斐然。

1955 年，李寿山调至大连市第一人民医院，任中医科主任。当时，人们的生活条件艰苦，卫生状况很差，肝炎流行。于是，李寿山找到了医院领导，主动要求建立肝炎病房。病房成立后，接收了大量急性黄疸型肝炎病人。李寿山以中医中药治疗为主，配合西医化验检查，中西医合作治疗肝性黄疸，疗效甚好，7～14 天就可以退黄。有一张姓男患者，30 岁，1958 年 8 月 17 日初诊。既往健康，1 周前突然发病，身热，纳差，恶心呕吐。继则身目发黄，急剧加深，胁痛拒按，神志渐昏蒙不清，烦躁不安。舌质绛红少津，脉弦细数。中医诊断：急黄神昏。西医诊断：急性黄疸型肝炎，亚急性肝坏死。李寿山认为，本病由疫毒入营，湿热内蕴，湿从火化，热毒攻心，入于心包所致，证属急黄神昏。遂予清营解毒汤合服安宫牛黄丸，犀角（现已代用）15g（先煎），生地 30g，丹皮 15g，赤白芍各 15g，茵陈蒿 50g，酒大黄 15g，桃仁 15g，菖蒲 10g，郁金 10g，白茅根 50g，水煎，昼夜服药。进药后翌日开始神志渐清，已不烦躁，但反应迟钝。已见初效，继用前法。3 日后完全清醒，热退，身目黄染减轻，能进饮食。此湿热之邪已减，窍开神清，停安宫牛黄丸，原方去菖蒲、郁金，以清营凉血解毒为法，治疗约 2 周，黄疸尽退，诸症消失，唯肝功能尚未恢复。辨证投方，住院约 3 个月，肝功能恢复正常而出院。后来于 1975 年偶遇，自云出院后一直上班工作，一切良好。多次检查肝功均正常。

随着年龄的增长，临证经验的积累，李寿山的医学造诣日渐深厚，已经成为大连中医学术界的佼佼者。他可以通过中、西医理论的比较，探寻疾病的本源；通过中、西药物的筛选，取长补短，以寻求治病的最佳良方。1956 年，他出席在北京召开的中华全国医学会第十届代表大会。1957 年，参加辽宁省中医进修学校（辽宁中医学院前身）师资班的深造，并参与教材讲义的编写。1958 年 3 月，组建大连市中医讲师团，任团长，先后为大连市中医学校、卫生干部学校、西学中班、中医进修班讲授《伤寒论》《中药学》《方剂学》等课程，受到广泛好评。同年 8 月，被推选为大连市第一届中医药学会副会长。1960 年 6 月 20 日，光荣加入了中国共产党。1960 年 10 月，出席全国文教卫生群英会。至 20 世纪 50 年代末期，李寿山在大连声名鹊起，他的医术为许多人所认可，开始长期担任来大连疗养的中央领导的中医保健任务。

1961 年 6 月，时任大连市中医医院业务副院长的李寿山，接到了一个特别的任务。他和另一位西医专家，乘军用飞机直飞北京，为军队首长看病。李寿山看见面前的病人精神萎靡，面色苍白，烦躁汗出，呼吸困难，不能平卧，语声低微，喉有痰鸣，咯血时作，其色浅红或暗红有块，每次约 100～200ml。李寿山分析：病人素体阳虚，卫外不固，外邪袭肺，肺失宣降，久致肺气亏虚，血失统摄，热随血失，阳气愈虚。所以该领导得的是阳虚夹寒不能摄血之证。此前西医想的是如何止血，而止血只是治标的方法，未从根儿上进行调理，咯血的症状未能缓解。而中医用十灰散、凉血止血之剂亦不效，他认为吐衄血者多为血热妄行，法当凉血止血。但该领导年高久病，咯血反复发作，失血过多，热随血去，阳气亦虚，不能摄血，若不识证，误用清热凉血之品，虽塞流，而血不能止。故治疗当以温经止血为法，予侧柏叶 20g，炮姜 15g，艾叶 10g，西洋参 25g，水煎频服，另以童便 100ml，每次药前先服 5～10ml。方以柏叶汤温经止血，童便咸寒降逆而消瘀，加西洋参以补气敛血、养阴益血而无人参升发之弊，炮姜易干姜去其辛热燥烈之性，苦温收涩。服药后该领导咯血渐少，翌日会诊，诸医皆有悦色。服至 6 剂，血已止。继以生脉散去人参，改用西洋参以益气扶阳，加阿胶滋阴养血，以资善后。1962 年 2 月，该领导的病再度发作，高烧不退，点名请李寿山进京。经过两个月的调治，其病情渐渐稳定下来。

1969 年冬，李寿山全家被下放到庄河县北部山区三架山乡二道河子，这是一个被崇山峻岭包围起来的小山村，人烟稀少，条件艰苦。但李寿山仍然不能忘怀他挚爱的中医事业。寒冷的冬夜，破旧的茅草房里，昏暗的煤油灯一次次被从门缝刮进来的北风吹灭。灯下，李寿山搓着冻僵的双手，翻阅着只剩下片言只语的家传《百病赋》。他仿佛又看到父亲忧郁的目光，听到父亲无言的叹息。李寿山暗下决心，决不让先人的宝贵经验遗失，他要凭借儿时的记忆重写《百病赋》，要把这一中医瑰宝留给后人，造福人民。于是，李寿山夜以继日，废寝忘食，在田间地头，在床头案旁，把零碎的记忆，条分缕析，并吸收历代医家经验，结合自己多年的临床经验加以注解、补充，誊写在儿子用旧的算草本上。这些宝贵的资料，最后竟整理成洋洋洒洒30万字的长篇巨著，取名为《中医临证指南》，并于1993年6月由中国中医药出版社出版。全书分上、下两篇。上篇为“临证辨治心法”，包括“医理探源”、“辨治要诀”、“治则举要”3章，内容有总题释义、辨证要点、分证选方等项。证治范围广泛，涉及内、外、妇、儿各科100多种病证，共100题。篇末附有证治歌诀若干首，有理论有实践，娓娓叙之，别具一格。下篇为“临证用药心法”，首论“药性药理”，次言“用药要诀”。药分10

类，因病选药，以药带方，全书共录验方720余首。篇末附有歌诀，条理明晰，易诵易记，具体生动，独具特色，有很强的科学性和实用性。书中处处有家传心法，段段有证治要诀，每一句话都有李氏家族的不传之秘，每一个字都是李寿山的心血结晶。

在李寿山下放的山村，老乡们非常淳朴，他们知道李寿山是大城市里的名医，对他全家非常友善。而李寿山也经常为山村的农民施方治病。一次，一位马姓少年，感冒后出现了颜面及周身浮肿，尿中有血，血压增高，卧床不起。孩子的父母以为得了什么邪病，请来巫婆神汉，折腾数天，病情反倒越来越重。李寿山知道后，虽然不能化验血尿常规，但凭借自己多年的临床经验诊断为急性肾小球肾炎，属中医“风水”，予麻黄连翘赤小豆汤，5剂而愈。还有一次，一位娇李氏老太太，长期患病，也出现了下肢浮肿，按之凹陷不起，家属请李寿山往诊。李寿山查看病人，见其胸闷气短，心悸腹胀，不敢下地活动，口唇发绀，脉散时促，诊为“心衰病”，予卷柏饮调理，病人肿消，诸症好转。李寿山临回城前，老太太特意跑了十几里的山路，用一只柳条编的小簸箕，装满大黄米送给他。至今，每当讲起此事，李寿山总是满怀深情地说：“老百姓不容易啊！我们要用自己的医术为人民服务，要对得起他们啊！”这样的事例不胜枚举。凭借着一根针、几把草，李寿山愣是在偏僻的乡村，成了家喻户晓的名人。

后来，大连中医院在荷花山设立了分院，李寿山坚持留在农村，从事自己所热爱的事业。他一边为乡亲们服务，一边授业带徒。在三架山、荷花山、韩家沟山，在二道河子、马道口、冰峪沟，那里的山川沟壑，到处留下了李寿山和他的弟子们采药行医的身影。他们利用自己采集的100多种草药，为当地群众服务。在李寿山的教导下，一大批乡下娃，都成了当地医院的业务骨干。

1973年冬，李寿山回城，参加全市疑难病、危重病会诊及抢救小组，后又被大连市人民政府任命为大连市中医医院院长，兼大连市中医研究所所长。

李寿山为大连中医事业的发展立下了汗马功劳，他的成就受到社会各界的尊重。他自1954年首次当选为大连市首届人民代表大会代表，以后连续十届当选。在历次的人大会议上，李寿山都提出了很多有价值的提案。一方面，申请财政拨款，修建中西兼顾的住院楼，购置现代化的医疗设备；另一方面，加强培训，提高医务人员的业务水平。他亲自讲课，教授《伤寒论》《方剂学》《内科学》，把宝贵的经验，传授给那些因为没有机会上大学系统学习中医的年轻人。同时，他克服了重重困难，开展了大量的科研工作，如“运用《伤寒论》法辨治胃脘痛的微机研究”、“中药消痞灵防治胃痞恶化（萎缩性胃炎癌前状态）的临床应用研究”、“清化益肾汤治疗原发性肾小球肾炎的临床应用研究”等，成就卓著。

学崇仲景　融会古今医论

李寿山潜心于仲景学说之研究，师法不泥，自出机杼，临大证敏于思索，用经方尤有卓见，每获良效，使患者转危为安。经方配伍法度严谨，药专效速。用经方辨证识病贵在准确、活用，在纷杂的症状中，要善于把握主证，有是证而用是方。在治疗方面还要随证以立方，不能执著古方，一成不变。选药要少而精，勿使掣肘，药量宜大，突击截断，中病辄止。其煎服方法，遇急重症更应宗仲景之训，昼夜服之，以保证药物在体内的有效时间和有效浓度。

多年来，李寿山在急重症的治疗上，积累了较为丰富的经验。如善用白虎加人参汤增损治疗高热病人，石膏日用量每每用至500g。盖石膏性寒而味辛甘，辛甘发散有透邪外达之力，其性寒可乘发散之势而逐热外解。故《名医别录》说，石膏可“解肌发汗”。若热邪久稽，恒加青蒿、白茅根以透发郁久之热。这是他吸收张锡纯《医学衷中参西录》重用石膏思想的发展。另外，他还主张凡用白虎汤必加人参。因热邪犯人必然耗气伤阴，况且患阳明病者，多系内有伏热之体，用人参补益气阴恰合病机。若遇经腑同病者，常用清下合治以救其急。

如1944年3月李寿山治疗一例春温坏病（春温误治）患者。吴某，男，30岁，春患温病，病起服辛温发汗剂，汗后壮热不退，口渴益甚；连续再汗，病情益重，经治罔效，而见大汗，大热，烦渴不止，喘促，嗜睡，谵语，大便3日未行，小溲短赤，舌苔焦黑，脉洪大而数，一派壮热之象。家属诚邀李寿山诊治，观其脉证，诊其为温病误用火逆之坏病。处方：

生石膏 500g，知母 15g，麦冬 15g，党参 25g，生山药 25g，荷叶 15g，鲜白梨 1 枚（切吃），水煎服。服药 1 剂，大汗、口渴即减。但热不退，药已对证，原方再继服 3 剂，汗、热、渴症大减，大便已解，喘促已平。焦黑苔渐退，脉转虚数，神志转清，唯午后仍有微热。此系病后气阴未复，余邪未清，改投竹叶石膏汤加减。3 剂，病告痊愈。患者颇通医理，病愈后曾求教于李寿山："为何过汗亦为火逆？""大便三日未行为何不攻下？"李寿山答道："初病春温，前医屡投辛温燥烈之剂，大发其汗，以致化燥伤阴，邪热入里，气阴两伤，与烧针、艾灸、火熏、热熨之火逆证的机理一致，只是致汗的内外途径不一也。《伤寒论》211 条：发汗多，若重发汗，亡其阳，谵语故也。大便三日未行，谵语，似阳明腑证，但未见腹部胀满、大便燥结、脉滑数有力的燥实证，为误汗伤津，水不运舟所致。《伤寒论》245 条：汗出多者为太过，太过者，为阳绝于里，亡津，大便因硬也。故以人参白虎汤加味，并麦冬、荷叶、鲜梨润燥之品，则不下而便自下。”患者听后心悦诚服，不禁竖起了大拇指。

再如，李寿山用真武汤合葶苈大枣泻肺汤加减治疗心衰水肿也别具一格。水为阴邪，非阳不化，非运不行。真武汤有温壮脾肾主水制水之力。然而水气上凌心肺，上焦水源不利，三焦何以决渎；肺气不能宣降，下窍何以通利，故重用葶苈大枣泻肺行水。二方合施，肺肾同治，气帅水也。

李寿山治学精勤，学崇仲景又不拘泥于一家之说，而是汇通诸家，源流兼蓄。诊余之暇，博览历代医药名著，对各家学说均能留心研究。他指出，由于各时代的医家所处历史条件不同，所观察的对象也各异，因此，他们所提出的学术见解，自然都会有不同风格，不同偏重，其所偏也即其所长。若能熔各家之所长于一炉，则取其偏而得其全。同样，历代医家也不可避免地具有民族的、地区的和时代的局限性。所以不可毫无批判地兼收并蓄，而应该删其繁芜，撮其枢要，寓创新于继承之中。

李寿山对内伤杂病的诊疗，运筹帷幄，广收博采百家之长，积累了丰富的经验。如心系病，认为胸痹心痛证应重视“阳虚为本，痰瘀为标，燮理脏腑，补通兼施”的辨治方法。中风病应“观神态，明闭脱，定病位，辨缓急”，寓活血化瘀于各法之中。肾系病，认为其病理特点是非湿即瘀，创用“清化益肾汤”，以清宣解毒法治疗慢性肾炎急性发作，用清开降浊法治疗肾衰等。对痹证治疗尤具慧眼，拟温痹汤和清痹汤，一温通，一清宣，前者治疗风寒湿痹，后者治疗风湿热痹。久治不愈之顽痹乃虚实夹杂，痰瘀互阻于络脉，拟通痹汤，重用虫类药搜剔兼益肝肾，并制“痛风药酒”内服外擦，综合治之。治疗肺系病，李寿山尝谓：喘分虚实，哮辨寒热。肺肾为金水之脏，一主呼气，一主纳气。故用豁痰化瘀截哮法，治疗顽固性哮喘急性发作；肺肾同治，标本兼顾治疗虚证哮喘，常常桴鼓相应，应手取效。消渴一证，滋阴清热润燥为之大法，对久病有兼证并病者，治宜补肾燮理阴阳。

汇通诸家之说，还在于治疗方法的多样性。由于童年的经历，李寿山对杨继洲的“药与针灸，不可缺一”之论颇为赞同。古之扁鹊、华佗无不针药并施而“能生死人”。《伤寒论》一书列针灸治病有33条之多，足证仲景亦重视针灸。因为人体是通过经络之联系，运行血气、沟通上下内外的有机整体。若经气不和则百病由生。骤发之疾，一者药不应手，二者药物尚需经吸收转化才发挥作用，不能立即奏效。而针灸则可通过腧穴直达病所，有立竿见影之捷效。仓促之间，可为抢救和治疗赢得时间，况且又简便经济易行。李寿山善用针灸，临床数十年，从未间断过使用针灸祛病疗疾。1956 年 3 月、1957 年 6 月、1959 年 7 月分别于《中医杂志》发表了《针灸治疗小儿麻痹证的疗效观察》《针刺治疗中风后遗症的临床总结》和《针刺治疗小儿舞蹈病经验介绍》等论文，后来又编撰《农民针灸手册》一书。在大连中医院荷花山分院工作期间，因为条件艰苦，他更是针不离手，曾经运用针刺麻醉，成功进行了巨大卵巢囊肿摘除术，在当时引起轰动。

融古创新　升华脾胃精论

在学术上，李寿山遵循“古为今用，洋为中用，推陈出新”之旨，倡导继承发扬与开拓创新结合、宏观辨证与微观辨病结合、辨证论治与效验秘方结合的临床三结合的思路。他潜心于脾胃学说的研究，可谓上溯经典，探微索隐；下涉各家，兼取众长。在系统地钻研古代经典的基础上，结合自己多年的临床实践和经验体会，对脾胃学说的学术渊源、临床证治特点、用药规律及宜忌进行了深入的思考，以独特的视角、独到的经验、显著的疗效，形成了自己的学术观点。李寿山认为，脾胃学说的形成，从其历史沿革分析，可概括为 4 个阶段。

第一阶段：创始于《黄帝内经》。《黄帝内经》对脾胃的生理病理之论述，不仅已颇详尽，且对脾胃病的治疗有所记载，奠定了脾胃学说的理论基础。《灵枢·海论》云："胃为水谷之海。"《灵枢·玉版》曰："人之所受者谷也，谷之所注者胃也，胃者水谷气血之海也。"《素问·灵兰秘典论》又说："脾胃者，仓廪之官，五味出焉。"《素问·刺禁论》曰："脾为之使，胃为之市。"上述经文说明，胃司受纳，脾主运化，饮食入胃，经过腐熟消化而传输于脾；再经脾的运化输布，将水谷精微物质送到全身，以营养全身脏腑、四肢百骸。而饮食、精神、劳倦、气候变化等，均可导致脾胃失调而致病。在治疗方面，《黄帝内经》提出了"脾瘅者，口中甘，治之以兰，除陈气也"，"脾恶湿，急食苦以燥之"，"脾欲缓，急食甘以缓之"，"胃不和则卧不安，半夏秫米汤主之"等治则治法，尤其提出摄生对调理脾胃的重要性，强调要

“食饮有节，起居有常，不妄作劳”等等，这对预防脾胃疾病都有十分重要的意义。

李寿山认为，早在春秋战国时期，作为中医第一部医学巨著的《黄帝内经》，已蕴育着脾胃学说的萌芽，奠定了中医脾胃学说的理论基础。

第二阶段：发展于仲景。有关脾胃证治的论述，几乎贯穿于仲景所著《伤寒论》《金匮要略》二书的各个篇章中，使脾胃学说在辨证施治方面，有了新的补充和发展，理法方药渐趋完备，从而奠定了脾胃学说的实践基础。《伤寒论》的 398 条原文中有关脾胃病症状记载有 218 条，占全书原文一半以上；在 82 种类证中有关脾胃证候的有 26 种，占其他病证总和的一半；在全书 112 方中有 60 方主治或兼治脾胃病证；在全书 93 种药物中按性味归经脾、胃、肝、胆、大小肠者有 81 种，占全书用药的 2/3 以上。《金匮要略》中对腹满、寒疝病、宿食与呕吐哕、下利等脾胃病的证治有专门论述。张仲景对脾胃学说的发展，还在于他非常重视“保胃气，存津液”的学术观点，在多处论述了胃气盛衰关系到病情的发展和预后的良恶。诸如胃气已败，除中必死（第333条）。若胃气渐复，“欲得食，其病为愈”（第339条）。即使是厥利重症，“胃气尚在，必愈”（第332条）。因此，张仲景在治疗疾病的过程中始终把保胃气作为扶正的关键环节，明确提出了“勿犯胃气”的治疗原则。在强调保胃气的同时，更重视存津液的学术观点，认为保胃气和存津液都是调理脾胃恢复正气的关键，通过保胃气、存津液来调整机体，从而达到“阴阳自和”的目的，故提出“阴阳自和者，必自愈”（第58条）。

关于调理脾胃的治法方药，几乎贯穿于《伤寒论》和《金匮要略》各个篇章中，可概括为13法。（一）解表和里法：适用于表邪外郁、邪热内伤肠胃之证。表邪偏重者，疏其表则里自和，用葛根汤、葛根加半夏汤；如表里邪气俱盛者，则宜解表而清里，用葛根黄芩黄连汤。（二）泻下通腑法：适用于燥实内结、宿食停滞、腑气不通之证，泻其积滞，存津液而健脾胃。分寒下、温下、润下法，其代表方如大承气汤、大黄附子汤、麻仁丸等。（三）温中祛寒法：适用于中阳不足、脾胃虚寒之证，代表方如理中汤、吴茱萸汤、黄土汤、桃花汤等。（四）和胃降逆法：适用于痰饮邪气滞胃，胃气上逆之证，代表方如旋覆代赭汤、小半夏汤、小半夏加茯苓汤、大半夏汤、橘皮竹茹汤等。（五）调和肠胃法：适用于中气不足，邪热内陷，浊气上逆，肠胃不和，寒热夹杂之证。代表方如半夏泻心汤、生姜泻心汤、甘草泻心汤、黄连汤、干姜芩连人参汤、乌梅丸等。（六）舒肝理脾法：适用于肝失疏泄，气机郁结导致的肝脾不和之证，代表方如四逆散、芍药甘草汤等。(七)建中补气法：适用于劳倦太过，损伤中气以致气血津液不足之虚劳证，代表方如黄芪建中汤、薯蓣丸等。(八)益胃生津法：适用于虚热伤津，余热耗液之证，代表方如竹叶石膏汤、麦门冬汤等。(九)温肾暖脾法：适用于肾阳不足导致脾阳虚衰之证，代表方如真武汤、附子汤等。(十)温阳利湿法：适用于中焦阳气不足，气化失常导致的水饮停蓄泛溢之证，代表方如苓桂术甘汤、茯苓甘草汤、半夏干姜散、防己茯苓汤等。(十一)清利湿热法：适用于热不得越，湿不得泄，湿热蕴蒸之证，代表方如茵陈蒿汤、茵陈五苓散等。(十二)涌吐导滞法：适用于痰饮邪毒壅滞胃脘之急证，本《黄帝内经》“在上者，因而越之”之意，代表方如瓜蒂散。(十三)饮食调节法：仲师非常重视饮食调理以恢复脾胃的功能。

李寿山认为，从上述举例足可看出，仲景在《黄帝内经》的理论基础上，对脾胃学说有很大发展，形成了比较系统的学术思想，对脾胃学说的形成和发展，作出了承前启后的贡献。

第三阶段：形成于东垣。脾胃学说独成体系，应归功于金元时期的医学大家李东垣。李东垣为补土派的创始人，所著《脾胃论》《兰室秘藏》《内外伤辨惑论》，均以脾胃、脏腑辨证为主。他的学术思想，主要由以下几个方面组成。（一）阐发《黄帝内经》《难经》及仲景之旨，强调“人以胃气为本”的后天论，形成了他的学术思想的核心，指出：“元气之充足，皆由脾胃之气无所伤，而后能滋养元气。若胃气之本弱，饮食自倍，则脾胃之气既伤，元气亦不复充，而诸病之所由生也。”李寿山认为，此说成为《脾胃论》的理论基础，亦是调理脾胃能治百病的依据。（二）辨证强调内伤，论治创制新法。“内伤脾胃，百病由生”，强调脾胃失调是内伤疾病的根源，对脾胃病的论治，以内伤虚证为主，病机分析多责之于“阳气不足”，治法本《黄帝内经》“劳者温之”、“损者益之”的宗旨，而倡用参、芪、术、草等甘温药以补中；从“陷者举之”、“风胜湿”的原则而倡用升、柴、独、防等升阳之药，以泻阴火除湿。李寿山说：“这是李东垣继承《黄帝内经》原理的创新之处。”（三）创阴火之说，制甘温除热之方。提出“火与元气不两立”的论点，拟以甘温之剂，升阳补中，佐以甘寒以泻其火。如补中益气汤、调中益气汤、升阳益胃汤、补脾胃泻阴火升阳汤等。（四）建立调理脾胃的法则和方药，创制了 59 张药方，用药 103 种，补中升阳的药物比较集中，充分反映了他补气助阳、健脾利湿、兼治阴火的学术思想。

第四阶段：充实于天士。自李东垣创“阴火”之说，辨证强调“内伤”治法，重视温补理论之后，明清医家对脾胃学说又有新的补充和发展，有代表性的当属清代叶天士的养胃阴的学术经验，补充和完善了脾胃学说的内容。

叶天士据《黄帝内经》“胃为水谷之海，五脏六腑之大源”，“有胃气则生，无胃气则死”之理，提出了“养胃阴”的学术观点，补充了李东垣偏于温补升阳以治脾胃的缺陷。他指出：“脾喜刚燥，胃喜柔润”；“胃为阳明之土，非阴柔不可为功”。“胃易燥”，据此提出养胃阴的理论。临床上导致胃（脾）阴虚的病因是多方面的，素体阴分不足，或年老液亏，或感受燥热之邪劫夺脾胃之阴，此其一；木火体质，易生内热，烦躁多怒，五志过极，以致阳升火炽，此其二；饮食偏嗜辛热，或嗜酒无度，温热化燥而伤阴，此其三；不辨脾胃阴虚之证而误治，如辛散劫阴，燥热助火，此其四。叶氏养胃阴的学术思想和用药特点，独辟蹊径，补李东垣温补升阳之偏。李寿山认为其创制的甘缓补胃、甘凉润胃、清养益胃、酸甘养阴等法极其丰富，与李东垣升脾阳之说互相补充，充实了脾胃学说的内容。

掌握科学的认识论和方法论是学好中医学的关键所在，是到达科学彼岸的桥梁。李寿山在系统研究古代先贤关于脾胃学说的基础上，认为辩证思维方法是理论思维的一种形式，是中医学方法论最根本的要点。这是第一枢要。第二枢要是标新立异的创新思想。创新有两个含义，其一是古方新用，化裁创新，师其意而不泥其迹；其二是针对当代中医面临的新问题，要与时俱进，以更新的观念，寻找新途径以解决之。继承是基础、是前提，发展是升华、是结果，二者并行不悖而相得益彰。古今并蓄，中西合璧，融旧创新是历史的必然。他主张要把握“抓主证，定主方，通常达变”的三结合原则。他认为，张仲景在《伤寒论》中首先制订了遣方用药的原则，即根据主证，制订主方，方随证出，这一原则贯穿于全书的始终。抓住主证，是临证时的核心。证的实质蕴涵着病因、病机、病性、病势、病症等多种概念，统而言之，六经提纲即是六经病的主证。《伤寒论》这种证从经分、以方名证、汤证即是主证的辨证用药原则，对临证者来说，层层展开，有顺有逆，确有一目了然、得心应手之启示作用。

对现代中医面临的一些新问题，例如，同样是慢性胃炎，胃镜下表现有的以红像为主，充血、水肿、糜烂，有的以苍白像为主，黏膜变薄，透见血管网，在中医辨证上应如何考虑；无自觉症状而肝功有改变，或乙肝表面抗原阳性者，是否还有证可辨，如何施治，等等。李寿山认为，要解决这些临床工作中的新问题，就要通过广义的三结合，即以整体观念为理论指导，宏观辨证与微观辨证结合；以辨证论治为临床依据，病证结合，以证分病，按期治疗；以因病用药为治疗原则，用经方、验方并举的解决方案，去立法、处方、用药，于无症可循中，做到有证可辨，有法可治，有方可用，才能真正体现中医的整体观念和辨证施治两大基本原则，摆脱临床中无证可辨、无药可用的尴尬境地。

消化痼疾　从痞、痛、痢论治

李寿山创拟的从痞、痛、痢治疗消化病，独具特色，经验独到。他抓住了病机特点，切中了疾病要害，开创了脾胃病论治的新观念，用之临床，确有效验。

从痞论治慢性萎缩性胃炎：痞满是指脘中痞塞，满闷不舒，而无明显疼痛为主证的病证。慢性萎缩性胃炎临床表现为上腹部痞塞，胀闷，饭后加重，腹部柔软，触之无形，虽兼有胀痛、隐痛等症状，但多以痞胀为主证，当属痞满范畴。《黄帝内经》中称本病为“否”、“满”，或“否满”，或“否膈”等。张仲景在《伤寒论》中明确指出：“满而不痛者，此为痞”。金元医家著有痞满专论，朱丹溪说：“痞者与否同，不通泰也。”“脾气不和，中央痞塞，皆土邪之所谓也”。

李寿山认为慢性萎缩性胃炎与痞满症状表现相同，其病位在胃，当从胃痞论治。本病多由饮食不节，情志所伤，或由脾胃素虚兼夹外邪，导致脾胃升降失调，气机紊乱而造成本虚标实之证。本虚是指脾胃中虚（气虚、阳虚、阴虚），标实是指气滞、湿阻、火郁、血瘀。脾胃中虚、气滞不畅是本病的病理基础。气滞不畅，痰湿中阻，影响脾胃的纳化升降功能，导致清浊相干而产生痞满、饱胀、嗳气、纳呆、便溏等消化不良症状；气郁化火，灼伤胃阴，或久病气阴两虚而胃络失养，易见口干舌红，灼热似痛等阴虚火郁证；若偏气虚不运，阳虚不温，或气滞不畅者，易伴见胃痛之症。本病初起在气分，病久由气及血，渐致气滞血瘀、胃络痹阻，则由功能性病变演变成器质性病变，造成胃络瘀阻甚至产生癥结（肠上皮化生、不典型增生），导致胃络失养萎缩，是本病的主要病机。概括其病理为虚、滞、湿、火、瘀为标，而最终可转化为以虚为主，虚实夹杂的病理状态。

李寿山从痞论治慢性萎缩性胃炎，临证中把握主证，辨证分型，尤其重视胃镜及病理检查，结合其是否伴有中、重度不典型增生、肠上皮化生及幽门螺杆菌感染情况，参以辨证，创制消痞六方，疗效显著。

其中，疏肝消痞汤是针对胃痞病肝胃气滞证所设。本方由柴胡、枳实、白芍、香附、厚朴、陈皮、丹参、甘草等组成，方本《伤寒论》四逆散化裁组成。治疗关键在于调节气机的通降功能，疏肝理气，和胃止痛。胃痞胀满者，加内金、焦三仙；烧心嘈杂者，加山栀、淡豆豉或黄连、吴茱萸；疼痛剧者，加延胡索、川楝子；偏于寒者，加良姜、荜澄茄等。

清肝消痞汤为胃痞病肝胃火郁证所设。本方由乌药、百合、木香、丹参、山栀、黄芩、黄连、白芍、甘草等组成，由乌药汤、丹参饮、泻心汤、芍药甘草汤化裁而成，以使肝气得疏，郁火得清，胃气得降，瘀结得散，以达泄肝清热、和胃通降之功。若吐酸烧心，合入左金丸；兼见食滞泛恶反胃者，合入旋覆代赭汤加鸡内金、炒谷麦芽；胃痛胁痛甚者，合加金铃子散；黄疸湿盛者，合入茵陈蒿汤等。

补中消痞汤对胃痞病中虚气滞证疗效显著，本方化裁黄芪建中汤、枳术丸、人参汤，由党参、黄芪、白术、枳实、炒白芍、桂枝、丹参、炙甘草、生姜、红枣组成。诸药合用，共奏理气导滞、补中消痞之效。若嗳气、矢气不畅者加佛手；脘中隐痛者加香橼、延胡索；胁背胀痛者加广木香、郁金；胸脘拘急、气逆咽梗者加香附、苏梗；食少难消者加鸡内金、炒谷麦芽；大便溏泻者加茯苓，大便秘结者加肉苁蓉；

贫血、头眩者加当归、枸杞子。

健中消痞汤为胃痞病脾胃气虚证所设。主要组成：人参、白术、茯苓、公丁香、降香、炙甘草。功可健脾温中，祛寒降逆。若兼泛恶欲吐，肠鸣有声者，加姜半夏、生姜；兼气滞不畅，脘腹胀甚，嗳气矢气者，加佛手、香橼；兼胃脘刺痛不移者，加灵脂、蒲黄；兼心悸少寐，面色无华血虚者，加当归、黄芪、丹参；若气虚不能摄血者，大便色黑如漆，加三七、乌贼骨等。

清中消痞汤治疗胃痞病胃阴亏虚证。以太子参、麦门冬、制半夏、柴胡、生白芍、炒栀子、丹皮、青皮、丹参、甘草治之。本方系由麦门冬汤、四逆散、栀子豉汤化裁而成，熔补、消、清、和、升、降于一炉，具有养阴益胃、清中消痞之效。若胃中有停饮，泛恶欲吐者加竹茹、茯苓；口干舌辣者加黄连、生地；嗳气矢气不畅者加佛手；气逆咽梗者加旋覆花、生赭石；大便溏薄者加山药、扁豆；食少难消者加鸡内金、炒谷麦芽；头眩目涩者加枸杞子、甘菊花等。

和中消痞汤是李寿山针对胃痞迁延失治，脾失健运，胃失和降，清浊相干，运化失司而形成胃热脾寒之胃痞病寒热夹杂证所设。以党参、姜半夏、黄连、干姜、蒲公英、丹参、炒白芍、炙甘草为主。化裁半夏泻心汤、芍药甘草汤、理中汤而成。胃痛甚者，加延胡索、香橼；胃中寒者，倍干姜加肉桂；嗳气矢气不畅者，加佛手、枳壳；空腹易饥者，加黄精、玉竹；食后痞胀者，加枳实、莪术；短气乏力者，加黄芪、当归；食少难消者，加鸡内金、炒谷麦芽等。

从痈论治消化性溃疡：中医学里的痈证，乃由气血受病邪所困壅滞不通而成，甚则肌肉腐坏而成溃疡。有外痈和内痈两大类。外痈生于体表肌肉之中，外观可以看到红肿高起，焮红肿痈，属阳证实证，易消易溃易敛；内痈生于脏腑之间，如肝痈、肺痈、肠痈、胃脘痈等，初起属阳，虚实夹杂，继则转阴，本虚标实，严重者预后不良。

胃镜是中医望诊的延伸，据此观察，消化性溃疡与胃脘内痈极相似。关于胃脘内痈的病名和诊断，最早见于《素问·病能论》：“黄帝问曰：人病胃脘痈者，诊当何如？岐伯对曰：诊此者，当候胃脉，其脉当沉细，沉细者气逆……故胃脘痈也。”从脉测证，可知胃脘痈与其他内痈不尽相同，脉沉主里，细为本虚，痈者气血壅滞，标实也。关于胃脘痈的病因病机，古人亦有描述，《圣济总录》说：“夫阴阳升降，则营卫流通，气逆而隔，则留结为痈。胃脘痈者，由寒气格阳，热聚胃口，寒热不调，故血肉腐坏。”胃脘痈的临床表现，《疡科心得集》指出：胃脘痈分为“外、内痈，其内痈生于胃中，中脘穴隐痛”。对其病因提出：“醇酒炙煿，七情火郁，又感寒气格阳，清气下陷，营气不从……痰气上壅。”《释名·释疾病》：“痈，壅也，气壅痞结，裹而溃也……血行不良，毒质瘀积而生，大而浅者为痈。”又提出“胃脘痈”重症可有“微肿、身皮甲错、胸膈痞闷、腹中痛连心……饮食少纳、形神憔悴、精神耗竭而毙”的恶性转化。这些记载，与消化性溃疡并发穿孔、出血、恶变等，极为相近。另外对胃脘痈的病位描述，《外证医案汇编》记载：“胃中气虚，两头门户最小，上口为贲门，下口为幽门，胃痈有上下之分”，此与胃及十二指肠解剖形态、溃疡病灶分布颇为一致。

本病的病因病机，多由情志所伤，久郁不解，致肝气郁结，横逆犯胃，气郁化火，热伤胃络，气血壅滞，聚而成痈。始则木火犯胃而吐酸嘈杂，继则“血肉腐坏”而成痈疡。或由饮食所伤，饥饱不常，辛辣酗酒，损伤脾胃，脾不运化，胃气不降，升降失司，清浊相干而病脾胃虚滞。虚则中气不足，滞则血行不畅，久则胃脉失养，虚而成痈。亦有脾胃素虚之体，复因饮食生冷或感受外寒，再伤脾阳，阳虚内寒，以致中阳不振而成脾胃虚寒证，由于寒气格阳，胃脉受阻，营卫不和，瘀而成痈。总之，本病病机初在气分，渐及血分，终至痈成溃疡，诸症相继而生。本病常于空腹时胃脘隐痛或刺痛，得谷气之助而痛缓，食气尽而再痛，中脘等腧穴轻按痛缓，重按则痛；或食后痛重，拱撑两胁，刺痛拒按；或见吞酸嘈杂，甚则胃脘瘀结，幽门不通而呕吐痰涎食物；络伤血溢或中气亏虚，脾不统血可见呕血、黑便等症。多数病人经治可愈，有极少数病人，治疗不当，久延不愈，形气渐衰而导致“形神憔悴，精耗气竭”而成恶化之变。

治疗大法随证而设。在辨新久、辨缓急、辨寒热、辨虚实、辨气血、辨脏腑的前提下，临床上概括分为肝胃气郁、脾胃虚滞、脾胃虚寒三大证型，治疗原则通过疏肝健脾、调和胃气、温中祛寒以达疏理气机、调畅营卫、顾护胃络、消痈敛疡、制酸止痛的目的。

处方用药分期而治。肝胃气郁，胃失和降证，初病在气分，壅滞胃腑，方用理气调胃汤（柴胡、枳实、白芍、香附、郁金、浙贝母、甘草），方本《伤寒论》四逆散化裁。脾胃素虚，血行不畅，病已由气及血，此为脾胃虚滞，方用健中调胃汤（党参、白术、制半夏、陈皮、降香、公丁香、乌贼骨、甘草），方本《伤寒论》理中丸化裁。若胃痈溃后日久，中阳不振，渐成脾胃虚寒证，方用温中调胃汤（黄芪、党参、桂枝、炒白芍、生麦芽、乌贼骨、炙甘草、生姜、大枣），方本《金匮要略》黄芪建中汤化裁加减。

从痢论治溃疡性结肠炎：本病的临床表现以腹痛、腹泻、黏液或脓血便，反复发作为其主要特征，属于中医学的肠澼、久痢范畴。古无痢疾病名。《素问·通评虚实论》称肠澼，《金匮要略·呕吐哕下利病》篇中有“热利下重者，白头翁汤主之”；“下利便脓血者，桃花汤主之”。汉以前均以下利统称之。至隋《诸病源候论·痢疾诸候》中始有脓血痢、热痢、久痢、休息痢等病名，关于辨证施治在前人有效的辨治效方基础上又有不断的发展和补充。明《医宗必读·痢疾》篇中提出：“须求何邪所伤，何脏受病。因于湿热者，去其湿热；因于积滞者，去其积滞；新感而实者，可以通因通用；久病而虚者，可以塞因塞用。”久痢属本虚标实、寒热夹杂证，须施以标本兼顾法治之。

李寿山认为久痢病机，脾虚为本，湿浊为标，本虚标实为其总的病理状态。其病之发，多由禀赋不足，饮食所伤，湿邪内生；或外感湿热之邪，内传脾胃，伤其肠络；或由肝旺克脾，气滞湿郁，皆能导致湿浊蕴结大肠，气血瘀滞，络伤腐溃而病。久痢不已，脾病及肾，脾肾两虚，大肠络伤，病灶更难收敛，遇邪即发，形成久痢顽证。

其一，肝脾不和，气滞湿郁痢证。主症：腹泻，腹痛，腹痛即泻，泻后痛减，大便黏液或兼脓血便，里急后重明显，反复发作，发作后大便或溏或燥。常伴有食欲不振，胸脘痞满，嗳气不舒，性急多怒等。舌淡红苔腻，舌下络脉多呈淡紫或青紫粗长，脉弦滑或滑数。常因恼怒而发或加重，一般多为急性发作，偏实证多。治以疏肝理气，和脾化湿法，方用疏肝和脾汤（柴胡、白芍、枳壳、木香、酒军炭、生地榆、甘草）。方本《伤寒论》之四逆散化裁而成。方中柴胡疏肝解郁，枳壳理气散结，二药相伍，一升一降，能升清降浊；白芍和营缓急，甘草益气和中，二药合用，酸甘化阴，有较好的治痢止痛效用；加生地榆凉血止血，敛疡止痢；木香宽中调气而理肠，酒军炭导滞清热而收敛（用此药须经酒制成炭，存性，量宜少，一般用量1～3g，多则泻下，少则收敛)，二药相伍为理气导滞，调整胃肠之良药。诸药合用，共奏疏肝理气、和脾化湿止痢之效。若里急后重甚者加薤白、秦皮；腹痛剧者，白芍加倍，加延胡索、丹参；血便多者去枳壳，加田三七、乌贼骨；急性发作发热者加白头翁、黄连、金银花。诸症消失后，宜常服焦楂炭、生山药等药，研末，每服15g，白开水调如糊状，加少量白糖服下，每日2～3次以巩固疗效。

其二，脾虚湿盛，寒热夹杂痢证。主症腹泻，腹痛绵绵不已，长期大便溏薄，脓血杂下，甚或滑脱不禁，里急后重较轻，常伴有畏寒怕冷，神疲短气，倦怠乏力，纳呆食少，脘腹胀满，面色不华，舌淡苔滑，或兼腻苔，舌下络脉呈淡红细短，或淡紫细长，脉象沉细或濡滑，常因过劳、受凉或饮食不当而发病或加重，一般多为久病，偏虚证多。治以温运脾湿，调和寒热法，方用温中益脾汤（党参、白术、炮姜、生地榆、乌梅、酒军炭、炙甘草），方本《伤寒论》之理中丸化裁而成。方中党参补气健中，白术燥湿健脾，炮姜温中散寒而收敛，炙甘草和中缓急而止痛，加生地榆止血敛疡而治痢，乌梅益阴而收敛，酒军炭导滞清热，合用寓泻于补，相辅相成。诸药共奏温运健脾、调和寒热之功，为治久痢有效方剂。若腹冷腹痛明显者加炮附子、炒白芍、桂枝；少腹坠胀，里急后重明显者加广木香、黄连；黏液血便多者加田三七、乌贼骨；五更泄泻者加吴茱萸、肉豆蔻、补骨脂；滑泄不禁者加赤石脂、罂粟壳。

若病情重，迁延难愈者可配合中药保留灌肠法，方用马齿苋 30g，生地榆 30g，乌贼骨 20g，水煎 2 次，取汁 200ml，兑入锡类散 2 瓶和匀，适温 36℃上下，保留灌肠，每晚 1 次，10 次为 1 个疗程，必要时休息 3～5 天再用。此法对左半结肠溃疡疗效尤佳。

审证求因　解密用药心法

李寿山对于中医脾胃学说的升华与创新，还表现在用药方面。他用药很有法度，尤其强调顾护脾胃。因为脾胃乃后天之本，气血生化之源，气机升降出入之枢，五脏六腑四肢百骸皆禀气于脾胃。只有脾胃健运，才能纳化水谷，使气血生化有源，五脏得养，生机旺盛，才能抗拒病邪，修复损伤。故在临床实践中，要“保胃气，存津液”，处处刻意于调理脾胃，异病同治，兼安五脏。只要辨证准确，用之确有桴鼓之效。

调理脾胃，要以药物归经性味特点明其补泻之用。

补以甘酸，因甘味药有益气健中效用，即《素问·至真要大论》所说："夫五味入胃，各归所喜，故……甘先入脾。"《素问·脏气法时论》又说："脾欲缓，急食甘以缓之，用苦泻之，甘补之。"说明甘味药入脾经，有补养脾胃的功效。但甘味药有偏温偏寒之性。甘温者有补气助阳之效，适用于脾胃气虚及阳虚证，如人参、党参、太子参、黄芪、山药、白术、炙甘草等。偏阳虚者须伍以辛温之品以助阳，如桂枝、干姜、炮附子、荜澄茄等。甘寒者具有养阴生津作用，适用于脾胃阴虚证，如沙参、麦门冬、石斛、天花粉等。酸味药，从五味所入多归肝经，但酸味药与甘味药合用，有"酸甘化阴"作用，能补养脾胃之阴，促进胃酸分泌，增强食欲，助消化，适用于纳呆食少、灼热胃痛、口干不多饮、大便多燥等脾胃阴虚之证，如白芍、乌梅伍甘草、大枣等。

泻以苦辛，因苦味药有燥湿、泻火功效。

脾为阴土，喜燥恶湿，对湿困脾胃者宜用苦燥化湿之品。即《黄帝内经》谓：“脾苦湿，急食苦以燥之”之意。苦味药有偏温偏寒之不同，苦温者燥湿效好，如苍术、草果、厚朴等；苦寒者，则以清热泻火为主，兼有燥湿作用，多用于胃火或脾胃湿热，暑湿伤中之证，如黄连、大黄、茵陈等。对湿热蕴结中焦者，又宜选用芳香化湿药，如藿香、佩兰、菖蒲、白蔻仁、苍术等。另外，对湿困脾胃证，苦燥药须配伍淡渗利湿之品，如猪苓、茯苓、泽泻等。盖湿性下趋，应因势利导之，故有“治湿不利小便非其治也”之说。即《黄帝内经》所说：“湿淫于内，治以苦热，以苦燥之，以淡泄之”之意。辛味药有辛散行气的药效，主要用于脾胃气滞证，凡因湿郁、痰饮、食滞影响脾胃纳化升降功能，产生痞满、脘腹疼痛、泻泄诸症，除治病因用化湿、消导、化痰除饮药外，均需配伍辛味理气之品，如木香、枳壳、枳实、陈皮、佛手、香橼、苏梗、砂仁、蔻仁等酌而选之。

在调理脾胃用药上，还要根据脾胃纳化升降的特点选其所需之药。因为脾之与胃，一脏一腑，一运一纳，一升一降，在生理上相辅相成，共同完成饮食的消化吸收，其精微物质由脾转输到其他脏腑及四肢百骸，以供养全身，共为“后天之本”。在病理上脾与胃常相互影响而发病，故在用药上有共同之处，如脾胃气虚、阳虚常并称，用药大致相同。但脾与胃又有不同之处，如脾主运，胃主纳；脾主升，胃主降；脾为阴土喜燥，胃为阳土喜润，故在治疗用药上有区别。大致说，治脾宜甘温、苦燥、升提，如党参、黄芪、白术、升麻、柴胡之类，偏阳虚者宜配伍辛热之品；治胃宜甘凉、濡润、通降，如沙参、麦冬、石斛、枳实、川军之类，火盛者宜配伍苦寒、甘寒之品。

所以，在临床应用中，要做到以下几个方面：

健运通降，补消兼顾：脾以健运为常，胃以通降为顺，二者用药虽有虚实之分，但需要兼顾。对湿阻、气滞、食积、痰饮等实证，在祛湿、理气、消食、化痰药中，常配以健脾的党参、白术、甘草等以兼顾中气，使消而勿伐。尤其对脾胃虚证，虽然应以甘药补之，但不可蛮补、壅补，否则碍脾之健运、胃之通降。故补脾胃之方常在甘药之中伍以理气助运之品，如陈皮、木香、枳壳之类。如补中益气汤中配升麻、柴胡以升举清阳，伍陈皮以理气助运；升阳益胃汤中配羌活、防风以鼓舞中气、燥湿助运等。在脾胃阴虚证中，宜用清补、平补，忌用滋腻壅滞、香燥耗阴之品，在甘凉濡润剂中如沙参、麦冬、石斛、玉竹、扁豆、大枣、粳米等，宜少佐以酸味和轻苦微辛之品，以和胃通降、理气助运，如乌梅、白芍、佛手、枳壳、橘皮之类为宜。此种消补兼顾用药配伍法，前者如李东垣，后者如叶天士，为我们做出了范例。

湿困脾胃，芳化苦燥：临床上湿困脾胃证最为多见，如纳呆食少、痞满胀塞、脘胀不畅、大便不爽、舌苔厚腻等，治疗上切忌用辛燥行气、泻下导滞之法，否则愈消愈满，而耗伤中气。宜用芳香化湿之药如藿香、砂仁、蔻仁、佩兰等，配以苦燥之药如黄连、苍术、厚朴等，少佐以理气药如陈皮、佛手、枳壳等，使气行湿化。在特殊情况下，有脾胃阳虚之象者，慎用小量温阳药如公丁香、桂枝以温阳化湿，盖“湿胜则阳微”故也。

虚实夹杂，以和为法：对脾胃本虚，寒热夹杂，湿热中阻者，证见脘痞、纳呆、口苦、呕恶、泻泄者，用健脾化湿、温中清热均非所宜。宜用辛开苦降之和法，方如半夏泻心汤，寒温并用，补泻兼施，常有卓效。

另外，脾胃疾患常与肝胆密切相关，有肝胃不和者，是肝胆之气横逆犯胃，以致胃失通降而病，胃脘胀痛、气逆上冲、呕恶不食等，不论其肝胆先病，或胃先病，治疗均需疏利肝胆，理气和中为法。常用柴胡、枳壳、白芍、香附、苏梗、郁金、甘草等四逆散化裁。也有肝脾不调者，由脾气虚弱，肝木乘脾，或由肝旺犯脾而致脾失健运而病，腹痛泻泄、腹胀肠鸣、嗳气、矢气等症。治疗用药均需疏肝理脾以和之，常用柴胡、白芍、防风、白术、大腹皮、陈皮、木瓜等，如用痛泻要方等化裁治之。总之，凡由虚实夹杂、寒热相兼、肝气犯胃、肝脾不调等病证，均宜和法为主，随证化裁而取效。

调理脾胃，在用药上，还有3项禁忌：

第一，苦寒败胃：临床上调理脾胃，有时应用苦寒药治疗某些脾胃病，是有效的方药之一。“苦寒败胃”是指应用苦寒药（如黄连、龙胆草、大黄、茵陈、苦参等）不当，损伤胃气，从而出现纳呆食少、泛恶欲吐等症状。苦寒药能否败胃是有条件的。一是适应证问题，如胃火蕴结所致之脘痞呕逆，脾蕴湿热之泄痢后重等，需用苦寒药清胃降逆以开痞止呕，燥湿清热助脾运以治热痢泄泻，如左金丸、连苏饮、香连丸，都属有效的方药。反之，脾胃阳虚、寒湿困中之痞满呕逆、泄泻下痢，再投苦寒方药，势必损伤阳气而败胃，此为辨证之误，非苦寒药之过。再有胃阴不足之胃痛，或湿热病恢复阶段过用苦寒药，损伤胃阴，胃气不振，出现纳呆食少、泛恶痞满、嘈杂似痛、舌红少津等证候，需用沙参、麦冬、石斛等甘凉养胃之品以复其阴，如投苦寒药伤津败胃，亦属辨证之误。二是剂量过大，服用时间过长，辨证无误亦能导致败胃。适当地有针对性地应用一些小剂量的苦寒药有健胃作用，如应用大剂量苦寒药而又缺乏适当的配伍以纠其偏，即使药证相符，亦可出现败胃现象，此在临床上并不鲜见。如素有胃病的患者（特别是胃虚寒者），在治疗其他疾病的过程中，服了过量的苦寒药后引起胃病复发甚至败胃等。

第二，甘味药滞中：甘能使人中满，这是甘能生湿，有碍运化的缘故。这里所说的甘味药，是指甜味较浓的甘草、大枣、饴糖、蜂蜜等。故有“呕家忌甘”之说。临床上确有因过服甘味药或多吃甜食而引起脘闷恶心欲吐，或已有呕吐进而加剧的事例。但是名方旋覆代赭汤中有甘草、大枣，治疗胃反的大半夏汤重用蜂蜜，《千金要方》卷十六载有“凡服汤呕逆不入腹者，先以甘草三两、水三升煮取二升服之，得吐，但服之不吐，益佳。消息定，然后服余汤，即流利更不吐也”。由此可见，呕吐病人并不完全忌用甘味药，有的甚至要重用。一忌一宜，似乎矛盾，须知两者各有所指。凡因湿浊、饮邪阻滞中焦引起的呕吐痞满证，当忌用甘味药；反之胃气虚弱的呕吐痞满证，在应用降逆和胃药同时配伍扶助胃气的甘味药如人参、甘草等，是培本之法，必需用之，即《黄帝内经》“塞因塞用”之旨。另如治疗湿阻中州的平胃散及治疗痰饮的苓桂术甘汤中均用甘草，是因上述方剂以燥湿、通阳助运药物为主，其中甘草是为调和苍术、厚朴、桂枝等药的温燥而设，一般不宜用量过大。

第三，辛散耗气：归经脾胃的辛味药多性温，具有健胃醒脾、行气散结、消痞止痛之效，如橘皮、木香、枳壳、砂仁、厚朴、乌药等。这些辛温行气药，是调理脾胃的常用药，用之得当是疏通气机，治疗气滞诸证的有效药，用之不当则有“辛散耗气”之弊。气滞需要行气开郁的药物，以疏通气机。然而造成气滞的原因很多，需要辨证求因，根据不同情况选择和应用理气药。以脾胃病气滞出现的脘腹痞胀为例，或由肝郁，或由湿阻，或由食滞，或由血瘀等。原因不同，选药和配伍方法则不同，不能一概单纯应用理气药。特别是脾胃虚弱，运化功能不健，气滞不畅而出现的虚证脘腹痞满，如果单纯应用行气宽中药，往往会愈通愈胀，这是由于辛散太过，反耗中气伤其脾运功能。应当以益气健脾为主，适当选择和配伍行气药，使脾气健而滞消，香砂六君子汤是一张代表方。再如参苓白术散之用砂仁，归脾汤之用木香，补中益气汤之用橘皮，均是补脾剂中配伍行气药的例子，但为佐药用量宜少。可见“辛散耗气”虽有行气药的不利一面，但不是说忌用于气虚证，问题在于辨证求因，配伍恰当，用量适可而已。

勤于思考　首创舌下脉诊法

李寿山在临床实践中，勤于思考，择善而从，刻意创新，经验独到。他总结的“舌下脉诊法”，是对中医四诊的一个重要的补充。多年来李寿山在诊疗实践中遇到过很多中风失语的患者，在针刺金津、玉液穴时，发现大部分患者舌下脉络的颜色、形态同常人大异。随着主证变化，舌下络脉亦发生相应的改变。引申到其他病证，亦有如此反映。于是他潜心观察、研究多年发现，正常人舌下脉络，主干脉呈暗红色，其长度不超过舌底面的1/2，管径约为2mm，分支脉为粉红色的网状致密小络脉，多不显露于外。当有瘀血证时，舌下络脉的形色则变为粗长青紫或淡紫，甚至怒张弯曲，有多个小结节。因此，他推断舌下脉络的形色变化，对某些瘀血病证具有特异性，对瘀血证的诊断亦有较高价值。

因为在全身络脉中，能直接用目察看到并且最浅表、最显露、最能反映五脏六腑寒热虚实者，莫过于舌下络脉，所以，脏腑有病，尤其是血分病，常可一目了然。其所以然者，是因为舌下络脉分布在舌体下面，起于金津、玉液穴，通过经络与脏腑气血直接联系，为人体上部之苗窍。古代医理有“舌为心之苗”，“手少阴心经之别，系于舌本”，“足厥阴肝经络舌本”，“足太阴脾经，连舌本舌下”，“足少阴肾经，挟舌本”等理论，手太阴肺经虽无经络所系，但肺系上通咽喉连于舌本。由于脏腑相联，气血相贯，通过经络而上通于舌，“有诸内必形诸外”，因此，脏腑气血一有寒热虚实病变，必然会反映到人体上部的“苗窍”。而舌下脉又是脏腑气血在舌体的直接络脉，脏腑之寒热，气血之虚实，首先在舌下络脉表现出颜色和形态的变化，尤其是瘀血一证更为明显。

李寿山观察了 2000 多例患者，观察到舌下络脉的形色变化可概括为：虚则淡红细小而短，瘀则青紫怒张而长，寒则淡紫而紧束，热则紫红而粗长，其中尤与心、肝、脾三脏病变关系更为密切。在形态上的变化，粗长怒张者，多为气滞血瘀或气虚血滞、血行不畅之象；细短紧束者，多由寒凝或阳虚导致血运不畅之候。具体的观察方法，可从如下 4 个方面入手：

舌下络脉青紫色者，脉形粗长怒张或细短紧束。小络脉青紫或暗赤弯曲，或有小颗粒者，多为气滞血瘀或夹痰瘀阻之证。常见于癥积、鼓胀、真心痛、心肺痰阻血瘀之喘嗽、咯血、吐血、便血以及脾胃瘀滞之脘腹刺痛、妇科血瘀痛经、闭经、痰核流注等病证。

舌下络脉淡紫色者，脉形粗长怒张或细短

紧束。小络脉淡紫或暗赤弯曲，或有小颗粒者，为寒凝或阳虚血运不畅、气虚血滞之证。常见于胸痹心痛、中风半身不遂、肢体麻木、水肿、鼓胀、脾胃虚寒之脘腹冷痛及妇科寒凝血滞之痛经、宫寒不孕、闭经等病证。

舌下络脉紫红色者，脉形粗长怒张或细长弯曲。小络脉暗赤或深蓝色弯曲或有小颗粒者，为热壅血瘀或湿阻血瘀之证。常见于湿热病热入营血、外科病痈肿瘀腐、湿热黄疸、湿瘀互阻之水肿、鼓胀、脾胃热瘀之脘腹胀痛、热瘀头痛、湿热痹证、妇科热瘀痛经、月经不调、崩漏、带下等病证。

舌下络脉淡红色或浅蓝色者，脉形细小而短，小络脉多无变化，属气虚血弱、阴阳俱虚之候。兼夹瘀滞者，脉形必见紧束或弯曲，常见于慢性消耗性病证所致的气虚血亏、虚损劳证，如消渴病、久泻久痢、脾胃亏虚之脘腹隐痛、妇科冲任虚损不孕、滑胎、经后腹痛、血亏闭经、气虚崩漏等病证。

根据丰富的临床经验，李寿山又总结出活血化瘀治疗八法，诸如行气活血法治疗冠心病、不孕症等；清热祛瘀法治疗弥漫性血管内凝血、视网膜出血等症；益气活血法治疗中风半身不遂等。最为典型的一个病例，是一名外地患者，来诊时剧烈头痛，呕吐，双目失明，西医诊断为“颅内肿物压迫”所致，建议开颅治疗。病人坚决拒绝手术，于是，家属抱着试一试的想法，慕名找到李寿山。李寿山依据舌下络脉的变化，认为是瘀血所致，以活血化瘀为原则进行治疗，病人呕吐很快停止，眼睛也逐渐复明。

“舌下络脉”诊法属于舌诊的一个组成部分，可补充和扩大舌诊的应用范围，尤其对瘀血证有较高的诊断价值，为运用活血化瘀法治疗疑难病提供了直观的客观依据。

教书育人　治学之道严谨

李寿山酷爱读书，珍惜光阴，常谓人生有涯知无涯，学无止境。为了专心学医，他放弃了诸多爱好、诸多机遇，至今仍孜孜不倦，上下求索。有时为了探究一个问题，可以鸡鸣而起，可以通宵达旦，直至豁然领悟，疑窦释然为止。李寿山攻读不辍，探赜索微，辨析医理，可以达到入迷的境地，甚至在夜里、在梦中都在为病人诊脉、辨证。

至今，李寿山的案头还有一盏台灯，磨砂的玻璃灯罩上，镂刻着他的一首自勉小诗：

月下凭脉动心机，四诊八纲求医理。

岐黄之法活人术，悬壶一生尽心意。

然而，中医典籍汗牛充栋，要想在浩瀚书海中扬帆启航，有所受益，就要勤求古训，博采众长，掌握方法，遵循规律。

李寿山读书，首先讲究博学，其次做到精读。他说，博学之博有两层含义，其一是指中医学的交叉学科和周边知识。中医经典著作内容广博、深奥难懂，囊括了医学、哲学、文学、天文、地理、数学、气象等诸多学科的知识。对于一个学医者来说，若要登堂入室，窥其奥秘，必须具备坚实的古文基础和博学多识的文化素养，包括掌握一定的现代自然科学知识，以开拓视野，启迪思路，此乃基础之基础。博学的另一个含义是指医学专业知识要广博。学习中医要先易后难，从流溯源，由约到博，由博返约。具体方法是从《医学三字经》《汤头歌诀》《药性赋》《濒湖脉学》及《医宗金鉴》等门径书学起。要熟读背记，诵之如流，在理解的基础上背记，在实践中加深理解，从而做到临证时胸中有方有药。“医必有方”，此之谓也。

仅如此尚不够。方药乃兵器，驾驭兵器者乃医生也。医生倘无立方之法度，岂能识方深切，用药熨帖。若要做到“医不执方”，必须精读深思“四大经典”，其中重点章节要归纳分类，笔录之，精读之，心悟之，铭记之，明其理而知其要。在此基础上，泛读浏览各家学说，尤其金元四大家及明清温病学说等，以博其学，以补经典之未备，从而组成立体的金字塔式的知识结构。

“熟读王叔和，不如临证多。”只有多临证，增加阅历，丰富感性认识，才能消化吸收理性知识，从浩瀚的医书卷帙中释疑摘要，从各家学说中择优服膺，才能由博到精，由博返约。

李寿山读书有“三勤”，即勤学、勤思、勤札记。业精于勤，非勤学而不能钩深致远；行成于思，非勤思而不能达高入微；学贵于博，非勤札记不能博学多闻。所谓书读百遍，其义自明，勤学深思始能理解书中的真谛。在向书本学习的同时，还要向同道学习，切磋析疑。向群众学习，博收广集散在民间之偏方、验方，哪怕是片言只语、点滴经验也都需要札记无遗，甚至是患者自身的感受体会，也会给医生以启迪。

勤学固属重要，学而不思则疑阂实繁，只有潜心深思才能余音绕梁。只有这样日积月累不断学习，不断深入，才能博古通今，自然能登堂入室而有所成就。另外，“好记性不如烂笔头”，书本精妙处，同道好的临床经验，要勤摘录，做笔记。学人之长，补己之短，温故知新，随手拈来，时常会给你带来意外之收获。总之，学然后知不足，才能促使你不断地去学习、去探索。只有苦读勤思，才能达到出神入化的境界。所谓“旧书不厌百回读，熟读深思子自如”（苏轼《送安惇秀才失解西川归》）是也。

李寿山治学也有一套自己的理论和方法。

他提出治学之道，实有“三忌”，即忌急、忌随、忌骄。常云：为医大病在于骄和急，更患无疑毁于随。

忌急，是指读书治学、临证治病必循序渐进，不可急于求成。往往遇有棘手的沉病痼疾，久治不愈，频频更方而罔效，何也？因慢性痼疾其来也渐，其去亦缓，辨证施治虽已正确，因难以速效而朝令夕改，结果欲速反不达，自己乱了阵脚，越急越乱，茫然不知所措，以至贻误病情。比如治疗慢性病，要有方有守。李寿山曾治疗一重症肌无力病人，以痿证独取阳明立论，调理脾胃半年余，间或醒脾，间或开胃，主方主药不变而获良效。

忌随，可以从两个方面理解。其一，读书不能人云亦云，读书不疑，难成大医。如孟子所云：“尽信书，不如无书。”因此，对古人所论不应良莠不分，而应持科学态度衡定之。既不污古人之用心，又不负古人之苦心。其二，认证要准，不能随意。有一时认不清的证或无症可辨的病，要细心观察，从主要矛盾入手，切不可随心所欲，无的放矢，或以药试证，投石问路。要有根有据，调整思路，“观其脉证，知犯何逆，随证治之”。

忌骄，就是要戒骄防满。当临证顺利治好一些疾病时，容易沾沾自喜，不求甚解，骄傲自满。满而外溢则不能虚怀若谷，乐群为怀，学业就会停滞不前。李寿山回想起曾经诊治过的一例病人，感触颇深。那是一位伤寒发热的患者，高热不退，出汗很多，脉象洪大有力，他用了《伤寒论》中的白虎汤，但病人服之无效。李寿山非常纳闷：以前遇到这样的病人，白虎汤很有效，这回是怎么了？没招了，只能向老父亲求教。父亲仔细询问病人症状后，大声批评他：“你读书不求甚解，是不是小有成绩就骄傲了？”这话问得李寿山一头雾水。父亲又道：“给我背一下《伤寒论》的第25条和第26条！”

李寿山赶紧应腔："第 25 条……服桂枝汤，大汗出，脉洪大者，予桂枝汤如前法；第 26 条……服桂枝汤，大汗出，脉洪大，大烦渴者，予白虎汤。"话一出口，李寿山登时觉悟——原来，差就差在这个患者还没有出现"大烦渴"的症状，本该用桂枝汤，先把表热解除，可自己竟然直接用上了白虎汤，其结果是表热未解，就想清除里热，欲速则不达。给病人改用桂枝汤后，果然很快奏效。反省自己因为治好了一些疾病，小有名气，就骄浮轻狂，他不禁心生悔意。

李寿山把自己的学习体会、治学经验毫无保留地传授给弟子们，同时，反复告诫弟子们为医者必须要有医德。"当医生的要对患者尽职尽责"，是他常挂在嘴边的一句话。对病人一视同仁，耐心细致自不必说，更要循循善诱，关怀备至。弟子们都记得一件事：一名反复发作的胃溃疡病人，听说李寿山治这种病很拿手，便找上门来。吃了 3 剂药后，疼痛不见好转，便在诊室内大声抱怨："李寿山有什么水平，还不是被大伙儿捧成名医的。"这样的言语很刺激人，一旁的弟子动怒了，可李寿山并不计较，他耐心开导病人继续服药，坚持治疗。不久，病人疼痛减轻，复诊时自感羞愧，主动向李寿山道歉。李寿山宽厚地一笑，继续给他治疗，直到痊愈。

如今，他门下的20余位弟子，都学有所成，各有建树。可谓是桃李满天下，杏林花争艳。

1990年和1997年，李寿山先后两次被人事部、卫生部、国家中医药管理局遴选为全国老中医药专家学术经验继承工作指导老师。他的学生白长川、李小贤、李志民和于家军后来都成了大连市的中医骨干。姜松鹤、白长川已成为第三届全国老中医药专家学术经验继承工作指导老师，开始开门授徒了。2007年11月，在广州举行的"第三届著名中医药学家学术传承高层论坛”上，李寿山又收了广东中医药大学、广东省中医院的硕士研究生导师王立新、包昆作为自己的徒弟。他的一儿两女全都承继父业，连最小的孙子，也在辽宁中医药大学就读，可谓名副其实的中医世家了。

调摄养生　倡导未病医学

李寿山擅治未病之病，对未病医学卓有研究。早在 1998 年国际未病医学研讨会上，他就提出“未病先防，已病防变，已变阻断，病后调护”的观点。他指出：《素问·四气调神大论》“不治已病治未病”的著名论点，是人类预防思想的最早记载。而《金匮要略》开篇“脏腑经络先后病脉证第一”即曰：“上工治未病”，“若人能养慎，不令邪风干忤经络，适中经络，未流传脏腑，即医治之”，则可使“五脏元真通畅，人即安和”。

因为未病医学不等同于现代的预防医学。现代的预防医学是建立在生物医学模式的基础上，更注重研究生物体本身的结构和功能，及其对各种内外环境因素的生物反应与疾病过程，从而探索出针对于病原因子的有效的预防方法。而中医学认为，疾病的发生是由于人体正气即抗病能力和防御屏障的不足或下降，正常的生理功能紊乱，阴阳失调，外邪侵袭所致。所以要想预防疾病的发生，就必须从振奋人体的正气入手，调动自身的防御功能，讲究养生，同时以整体观念适应自然，调整自身，协调脏腑气血的功能，使“正气存内，邪不可干”，“阴平阳秘，精神乃治”。

重视后天之本，是未病医学独有的特色。中医学认为，脾胃为后天之本，人体的营卫气血赖水谷化生，而水谷之纳化输布则是脾胃所司，只有脾胃健运，才能纳化水谷，气血有源，五脏得养，生机旺盛，才有抗拒病邪、修合损伤的能力。药物入口亦赖脾胃运化输布才起作用。“胃乃六腑之本，脾为五脏之源，胃气弱则百病生，脾阴足而万邪息，调理脾胃为医中之王道，节戒饮食乃却病之良方”（《丹溪心法附余卷二十四》）。通过调理脾胃，以提高机体的免疫能力，使“四季脾旺不受邪”。对健脾益气中药的研究已有证实，该类药能提高人体的细胞免疫力，增强巨噬细胞的吞噬功能，提高辅助性T细胞的功能和活性，即提高机体的卫外之气，从而达到“脾旺不受邪”的境地。

李寿山潜心研究未病医学，并身体力行，用心领悟，总结出一套实用的养生要诀。他把自己的体会概括为三句话：一个目标三个不，四种方法为基础，逾越百岁当争取。一个目标，是说人的自然寿命应当如《黄帝内经》记载“尽终其天年，度百岁乃去”。三个不，是指八十不算老，九十不糊涂，百岁不卧床。四种方法包括畅情志、节饮食、适量运动、适应自然。只要注重调摄养生，掌握四种方法，就可以实现三个不，“逾越百岁”也不是遥不可及的梦想。

如今，这位望九之年的老人，仍然精力充沛，机敏睿智，这得益于他广泛的兴趣爱好和适应自身的运动方法。

李寿山酷爱中国象棋，他的棋风中规中矩，沉稳中常有灵动，犹如平川突现高峰，一招制胜。他从楚汉相争的棋道感悟医理：用药如用兵，平淡之中而见神奇。百草园的花木虫石，在杏林上工的手下，都是祛病的良将先锋。学棋对于李寿山来说，意义重大。多年后，李寿山在回忆这段经历时说："古人亦有学医如学弈的古训。下棋开化了我的脑子，锻炼了我的应变能力。我悟出了一个道理，下棋和中医触类旁通，都要全局着眼，局部突破，环环相扣，与诊病的整体观念、辨证思维有异曲同工之妙。"

李寿山喜好京剧，年轻时曾与四大名旦交往。他擅长京胡，闲暇时常和京剧票友切磋技艺，并操琴伴奏，乐琴声以释情怀。他的琴声清越、婉转，犹如行云流水，在过尽千帆之后，沉淀所有的波澜壮阔。每一个音符下，都埋藏着平静而坚忍的心灵。京剧、中医皆是国粹，唱、念、做、打，望、闻、问、切，五千年的文化、岐黄的对话，在这举手投足间尽显其源远流长。

李寿山还喜好诗词，他的诗句忧国忧民，朴实无华，直抒胸臆，堪称杏林文苑的行家里手。他在参加国内外学术会议或游览祖国大好河山时，往往有感而赋，以诗抒怀，目前已集诗200余首。

时值癸亥节端阳，重赏千山好风光。
往事尽去景犹存，花开花落几沧桑。
灵约犹在山湛蔚，喜看民殷国富彰。
岐黄之道待兴振，我辈共勉当自强。

这是1983年6月16日，李寿山参加辽宁省中医药学会年会暨辽宁省仲景学术研究会成立大会，返程途中，于端午节再游千山，面对“万壑松涛百丈澜，千峰翠影一湖莲”的自然风光写下的诗句。

闻鸡起舞，养气健身。李寿山参考五禽戏和八段锦，结合自身的体会创建了一套适应自己保健的八式运动法，并编了四句歌诀，便于记忆：

甩手三式背仰功，摇头摆尾运掌平。

前后登山骑马式，搓掌抚面站桩终。

对这套拳法，李寿山非常得意，自称为李氏健身太极拳，并在76岁高龄时题诗《七十有六，再学太极拳有感》铭之。

太极阴阳合而圆，前后连绵左右循。

升降抱球需到位，意守丹田同归心。

李寿山在每天繁忙的工作之余，坚持散步、练拳、赋诗、弈棋。他用自身的健康，诠释未病医学的神奇，也用自身的健康，造福更多的患者，让更多的人重获健康。

老骥伏枥　再铸医学丰碑

从事岐黄六十载，愿为人民立寸功。

不觉已近耄龄年，夙愿未尝惆心中。

岁月无情人亦老，奋蹄扬鞭创新成。

甘为人梯传心法，悬壶济世献终生。

这是李寿山在八十寿辰时写的一首诗，题为《八十自勉》。站在海边，极目远眺，鸥鸟低翔，天海相连，李寿山目光深邃，表情庄重，丝丝银发在风中倔强地直立着。呈现在我们面前的是一幅多么壮阔的画面。“老骥伏枥，志在千里，烈士暮年，壮心不已”，这是一位中医大师内心的真实写照。

1986 年 6 月，李寿山到了退休年龄，他服从组织安排，从领导岗位上退居二线，但迄今仍然坚守在工作岗位上，从来没有间断临床、教学、科研工作。虽然社会上不少地方争着聘他出诊挣大钱，可李寿山不为所动，在他的心中，有比金钱更重要的东西。他依旧在大连市中医医院行医看病，闲暇时间笔耕不辍，整理自己一生的行医经验，传予后人。

几年来，他相继主编出版了《李寿山医学集要》《中医临证指南》《中医药治疗癌症临证精方》《中医消化病证治准绳》《中国百年百名中医临床家丛书·李寿山》等5部著作，新书《中医全科临床证治简要》已完稿，近期也将由中国中医药出版社出版，可谓著作等身了。同时，他的科研工作硕果累累，共有7项科研荣获大连市政府及卫生局科技进步成果奖，3项课题荣获辽宁省政府科技进步成果奖，获国家知识产权专利1项。2005年4月，科技部和国家中医药管理局启动了“十五”国家科技攻关计划“名老中医学术思想、经验传承研究”课题，李寿山在这项高级别、大范围、深层次的研究工作中，积极参与，毫无保留，为课题研究提供了高质量的研究素材，最终如期完成预定的目标，形成成果，通过了国家中医药管理局专家组的验收。

“满园春色关不住，一枝红杏出墙来。”中医文化的魅力早已跨越了国界，李寿山的名字也传到了国外。从 1986 年 11 月起，他先后 3 次应邀赴日本北九州、大阪市、佐贺县等地讲学、考察。在讲课之余，经常有一些日本友人请他会诊，解惑答疑。当时，在富山医科药科大学医院里，一位患有肾病综合征的病人，周身浮肿，排尿困难。日本的医生采用《伤寒论》里的“真武汤”治疗，病情不见好转。李寿山应邀会诊，开出的方子也是真武汤，但药的剂量加大了。日本医生有些惊讶，因为真武汤中的附子有大毒，他们从不敢加大剂量。病人重新用药后，症状明显好转。日本友人大为惊讶，称赞连声。李寿山说，中医的神奇，就在于它最讲究辨证施治，根据不同的人、不同的病证、不同的季节、不同的地域等因素而变化。中国医药博大精深，大步走出国门指日可待，现在一些国家已经承认了中医药的合法地位，我们要做的是以科学的态度、现代的观念，把中医药发扬光大。

1987 年，李寿山在大连市人大八届代表大会上提出“振兴中医议案”，经市人大讨论通过，市委、市政府核准，下发文件，成立大连市振兴中医咨询委员会，李寿山出任副主任。

1992 年 1 月，李寿山荣获全国卫生系统模范工作者称号。同年 10 月，开始享受国务院政府特殊津贴。

1993 年，李寿山应邀赴韩国讲学、访问。

1994 年 11 月，李寿山受聘于《中国中西医结合脾胃杂志》，任编委会高级顾问。

名医济仁寿，人生有青山。“一息尚存，不愿休闲。”李寿山在晚年就是这样要求自己的。他每周出诊6个半天，每次看病人20余位；遇到特殊的病例，不定期参加病房会诊、讲课；闲暇时读书、写书、操琴、对弈，不亦乐乎。在耄耋之年，仍然能为人民的健康事业贡献自己的力量，可谓夕阳无限好，老树更长青。

在大连著名的旅游风景区老虎滩附近的白云街，有一处不很起眼的临街建筑，“李氏诊所”、“寿山中医研究苑”就坐落在这里。李寿山除了在大连中医医院名医工作室出诊外，最喜欢去的地方就是这里。李志民、李小贤、李益民、张有民、王福民、李良、李戈等，他的子女及弟子们总喜欢闲暇时来看望他，围坐在老人的身旁，看他诊病查脉，谈医论道。伴着淡淡的茶香，悠扬的琴声，中医的薪火传承，就在这潜移默化中，在夕阳的余晖里，得以延续……

（撰稿人　于家军　李志民）

《中华中医昆仑》丛书 150 位医家名录

（按生年排序）

张锡纯	丁甘仁	萧龙友	王朴诚	恽铁樵
曹炳章	冉雪峰	谢　观	施今墨	汪逢春
孔伯华	黄竹斋	吴佩衡	蒲辅周	陈邦贤
李翰卿	李斯炽	姚国美	陆渊雷	张泽生
时逸人	张梦侬	叶橘泉	王聘贤	陈慎吾
邹云翔	赵炳南	承淡安	余无言	刘惠民
岳美中	沈仲圭	秦伯未	赵锡武	韦文贵
程门雪	黄文东	赵心波	董廷瑶	吴考槃
章次公	石筱山	陆南山	张赞臣	李聪甫
刘绍武	陈存仁	朱仁康	陆瘦燕	姜春华
韩百灵	高仲山	李克绍	王鹏飞	刘春圃
金寿山	哈荔田	何世英	周凤梧	干祖望
关幼波	王为兰	任应秋	罗元恺	祝谌予
杨医亚	郭士魁	何时希	耿鉴庭	俞慎初

裘沛然	顾伯华	江育仁	邓铁涛	门纯德
刘渡舟	尚天裕	朱良春	李玉奇	程士德
尚志钧	赵绍琴	董建华	米伯让	李辅仁
张珍玉	班秀文	颜正华	于己百	颜德馨
路志正	方药中	王乐匋	黄星垣	谢海洲
余桂清	何任	王子瑜	程莘农	陈彤云
焦树德	张作舟	张琪	李寿山	张镜人
王绵之	方和谦	印会河	王玉川	蔡小荪
李振华	马继兴	王嘉麟	宋祚民	刘弼臣
王雪苔	刘志明	吴咸中	李今庸	任继学
裴学义	王宝恩	周霭祥	贺普仁	唐由之
赵冠英	许润三	金世元	陆广莘	刘柏龄
徐景藩	吉良晨	吴定寰	沈自尹	王孝涛
张灿玾	周仲瑛	强巴赤列	张代钊	李经纬
郭维淮	柴松岩	苏荣扎布	陈可冀	李济仁
夏桂成	郭子光	巴黑·玉素甫	张学文	陈介甫